Book of the Peony

Gaspar Orozco

Book of the Peony
Memorial de la Peonía

translated from Spanish by
Mark Weiss

Shearsman Books

First published in the United Kingdom in 2017 by
Shearsman Books
50 Westons Hill Drive
Emersons Green
BRISTOL
BS16 7DF

Shearsman Books Ltd Registered Office
30–31 St. James Place, Mangotsfield, Bristol BS16 9JB
(this address not for correspondence)

www.shearsman.com

ISBN 978-1-84861-566-3

Cover art:
Blossoming Peony, 12th–early 13th Century. Album leaf;
ink and color on silk; H. 26 x W. 25.3 cm (10 1/4 x 9 15/16 ins).
Harvard Art Museums/Arthur M. Sackler Museum,
Gift of Mr. and Mrs. Philip Hofer, 1957.157.
Photo: Imaging Department
© President and Fellows of Harvard College.

Flor, no flor
(…)

Llega como un sueño de primavera
                              ¿por cuánto tiempo?

Desaparece como las nubes del amanecer

Bai Juyi

Flower, no flower.
(…)

It arrives like a dream of Spring
for how long?

It leaves like the morning clouds

Bai Juyi

1

1

1

La primera página del libro de la peonía está perdida. Algo decía sobre los espejos y la nieve, sobre los caminos que se encuentran tras recorrer todas las distancias. Algo había de arquitecturas lentísimas, de incendios que dejan el exterior de las cosas intactas pero su corazón calcinado. Algo refería de luces perdidas en la ciudad o de ciudades perdidas entre la claridad del alba. Algo hablaba de fragancias delicadísimas y del *temblor*. Es inútil tratar de recordar. Lo he intentado. Palabras demasiado rápidas, demasiado delgadas y ardientes para nuestra memoria. Es preciso volver a escribir esa hoja.

La primera página del libro de la peonía está siempre por escribirse.

1

The first page of the book of the peony is lost. Something about mirrors and snow and roads found after long travel. Something about slow architectures, fires that leave the walls standing but the interiors ashes. Something about the lost lights of the city or cities lost in the light of dawn. Something about the faintest aromas and a *trembling*. It's useless to try to remember. I've tried. The words too fast, too slender, too passionate, for memory. Compelled to return to write this page again.

The first page of the book of the peony is always still to be written.

2

He construido una ciudad alrededor de la peonía. El primer anillo se abrió dentro del agua –oro rojo– y se extendió: círculos dentro de círculos. Al principio erigí un puente que se interrumpía a la mitad y un pabellón orientado al norte. Levanté después un templo blanco con la sal del mar y extendí un jardín blanco con la sal del viento. La antena de una radio que transmitía mensajes cifrados a la medianoche era el refugio de los pájaros que cruzaban la isla. A partir de algún momento, sin darme cuenta, la ciudad comenzó a trazarse sola, creciendo tanto en la vigilia como en el sueño. Siguieron otras edificaciones, entre ellas un zoológico que se pobló con animales de mirada azul y un planetario de vidrio para presenciar la aparición y trayectoria de una sola estrella. Hay demasiados lugares que ya no conozco, demasiadas calles sin nombre en barrios desconocidos en los que nunca voy a estar.

No recuerdo cuándo, pero una noche la peonía desapareció del centro. Desconozco cuál es la fuerza que la mantiene unida, pero la ciudad permanece en pie. A lo lejos –porque escribo desde lejos– la ciudad centellea como los filos de una botella rota entre la arena.

2

I built a city around the peony. Its first ring opened onto the water—red gold—and spread outwards: circles within circles. First I built an unfinished bridge and a pavilion facing north. Then I built a temple white with the salt of the sea and planted a garden white with the salt of the wind. The radio antenna that transmitted encoded messages at midnight was the refuge of birds that flew over the island. A moment came, without my noticing, when the city began to design itself, growing as much awake as asleep. Other buildings followed, among them, a zoo filled with animals with a blue gaze, and a glass planetarium to witness the trajectory of a single star. Now there are too many places that I don't know, too many streets without names in unknown neighborhoods where I will never go.

I don't remember when, but there was a night the peony disappeared from the center. I don't know what energy held it together, but the city remained standing. From a distance— because I write from a distance—the city sparkles like the shards of a broken bottle in the sand.

3

Cubro con papeles negros las ventanas de la habitación que mira hacia el río. Ninguna luz, excepto la que entra por la pequeña rasgadura que hice en lo negro. *Cámara obscura.* Se filtra en una aguja la película ingrávida del mundo. Sobre el techo, sobre la pared, sobre mis manos y mi nuca, sobre la página en blanco se adhiere como una húmeda sal la imagen invertida de la isla: la peonía infinita que arde en este momento –cobres que ante mis ojos se convierten en oro nocturno.

3

I cover the windows of the room facing the river with black paper. No light, except for what comes through the small tear that I made in the paper. *Camera obscura.* The weightless film of the world seeps through a pinhole. The inverted image of the island sticks like a damp salt to the ceiling, the wall, my hands, and the back of my neck—to the white page: the infinite peony that glows in that moment—copper changing before my eyes to nocturnal gold.

4

Llamas desconocidas
se reflejan en el espejo

Kikaku

Frente al espejo, la peonía dobla su imperio. Derrumba y erige su semejanza en la profundidad de esa agua. Se registra, sin embargo, una levísima fractura entre los dos hemisferios del incendio. Dos tiempos diferentes, una sola luz. Si has de elegir, inclínate por el reflejo –es el más *verdadero*.

4

Unknown flames
are reflected in the mirror

Kikaku

Facing the mirror, the peony duplicates its domain. It dismantles and rebuilds its likeness in the depth of that water. Nonetheless, a slight break between the two hemispheres of the fire is noticed. Two times, one light. If forced to choose, favor the reflection— it's the more *real*.

5

Dentro de la flor
arde la luciérnaga:
no hay memoria

5

Within the flower
the firefly burns:
there is no memory

6

De forma plena, se abre en la mente la idea de esa peonía. Surge entonces el resplandor, se desencadena la inabarcable energía. Tocado y recorrido por tal descarga, el cráneo se transparenta y se ilumina –vaso que se colma y se derrama con el fulgor único de esa imagen.

6

The idea of *that* peony unfolds fully-formed in the mind. Then the brightness comes forth, the unimaginable energy breaks free. Touched and overcome by so great a discharge, the skull becomes transparent and is filled with light—a vessel overflowing with the singular glow of that image.

7

El poeta Ou Yangxiu escribió en 1034 el "Recuento de las Peonías de Luoyang". En una de sus páginas refiere cómo la peonía "Wei Huang", una de las especies más apreciadas de la época, podía contar con más de 700 pétalos. Su rara tonalidad se definió como "doble rosa", el mismo término con que se describía el matiz más íntimo de algunas cortesanas. Pero también, ese era el nombre con que se designaban los sueños únicos, en donde suceden seres y lugares que tras dejarse ver una sola vez, no volverán jamás. Sueños que cambian irreparablemente el curso de la vida de aquel que deba –porque así está escrito– recibirlos.

7

In 1034 the poet Ou Yangxiu wrote his "Account of the Peonies of Luoyang." Somewhere he mentions "Wei Huang," then one of the most costly varieties, with more than 700 petals. Its rare color he defined as "double pink," the same term he used to describe the most intimate hue of certain courtesans. But it was also the name that he gave to a class of dreams, in which beings and places are seen once and never return. A dream, it is written, that changes forever the lives of those who receive it.

Se hace visible
tu fragancia: la noche
iluminada

8

Your fragrance
made visible: the night
light-filled

9

Mirar la luz de la peonía hasta que desaparezca. Mirar la desaparición hasta desaparecer uno mismo. Entonces y sólo entonces, dentro de tus ojos, la peonía *será*.

9

Watching the peony's light until it vanishes. Watching the vanishing until one vanishes. Then and only then, within your eyes, will the peony *be*.

Desde tu aroma
reconstruyo la ciudad
desvanecida

10

From your fragrance
I reconstruct
the vanished city

11

Le preguntaron el color de la peonía. No respondió. La discusión se dirigió entonces a otros temas. Poco después, el hombre – del que no se sabía nada, excepto el poder de su pincel– se retiró en silencio del lugar. Lo vieron tomar el camino pedregoso hacia la montaña del sur. Fue la última noticia que se tuvo del viajero. Sobre la mesa, se encontró un papel arrugado en el que dejó escritas estas palabras: *El color de la fina herida que el eclipse abre una sola vez en el agua. Y permanece en la mirada.*

Se atribuye al poeta Meng Haoran la invención de este pequeño incidente. Aparecería en una página de sus "Falsas Memorias de Hanshan", álbum que reunía dibujos, relatos y poemas. El único ejemplar conocido se perdió en 1864 durante la caída de Nanjing, el último episodio de la guerra de los Taiping.

11

They asked him the color of the peony. He didn't answer. The conversation turned to other things. A little later, the man—of whom nothing is known, except the power of his pen—quietly retired from the place. They saw him set out on the stony path toward the southern mountains. Nothing more was heard of him. On the table was found a wrinkled piece of paper on which these words were written: *The color of the thin wound that the eclipse may open in the water only once. And it remains in the gaze.*

The invention of this minor incident is attributed to the poet Meng Haoran. It would appear on a page of his "False Memories of Hanshan," an album that brings together drawings, stories and poems. The only known copy was lost in 1864 in the fall of Nanjing, the final incident of the Taiping War.

12

El arcano más hondo de la peonía no es su luz, su llama que evade la doma, su ilimitado palacio de fulgores. Tampoco se despliega en el ópalo de su sombra, ese pequeño gran teatro nocturnal. No encontrarás su enigma en el océano abierto de su aroma, en su perfume de mil pétalos que alternan la tempestad y la montaña, la niebla y la arena.

La última arte de la peonía, su misterio, se entrega a ti en su *temblor.*

12

The deepest arcanum of the peony isn't its light, its untameable flame, its boundless sparkling palace. Nor does it unfold in its opalescent shadow, that small nocturnal opera. You won't find its enigma in the open sea of its fragrance, in its perfume of a thousand petals with which storm and mountain, snow and sand, take turns.

The peony's ultimate art, its mystery, is given to you in its *trembling*.

13

Me fue concedido atravesar cada hoja de agua, franquear los aromas de la cera tras la que se esconde la miel salvaje. Se me otorgó el poder de aflojar el nudo que une al círculo de espejos. Privilegios antenatales que debo a mi constelación opaca e incompleta. Mi responsabilidad al cruzar el umbral de esta cámara tibia fue buscar en la flor lo que ella buscaba fuera de sí misma. Comunión del hallazgo y la pérdida.

Al alcanzar el fondo de la peonía, ésta se abrió en mar, se rompió en ola infinita que anuló toda distancia.

13

It was given me to cross each leaf of water, to overcome the waxen scents behind whatever hid the wild honey. I was granted the power to loose the knot that binds the circle of mirrors. Prenatal privileges, owed to my opaque and incomplete constellation. When I crossed the threshold of this warm room my responsibility was to search within the flower for what it sought outside itself. A communion of the found and the lost.

When I reached the depth of the peony, it opened itself to the sea and broke in an endless wave that annulled all distance.

14

El último minuto de la noche te coloca dentro de los párpados el delgadísimo vidrio de una peonía. Esto sucede cuando el sueño se retira, pero guarda aún señorío sobre ti. La flor es real, cada pétalo es nítida verdad –dolor del fuego primero. No se trata de ésa peonía, sin embargo. Aunque separada, aunque reflejo, en esta flor se cierra, por el dictamen magnético del sueño, el *relámpago*.

14

The end of night leaves beneath your eyelids a peony's slender glass. This happens when the dream withdraws but still retains its power over you. The flower is real, each petal a vivid truth—a sorrow from the first fire. But it's not about *that* peony. Enclosed within *this* flower, by the magnetic dictate of the dream, though separate, though reflected: the *lightning*.

15

Sigo tu herida:
hilo que me guía en
el laberinto

15

I trace your wound:
a thread that guides me
through the labyrinth

16

Para Bill Porter

Cai Guoqiang comienza a pensar la flor. Los cinco puntos cardinales, la mente en blanco. El artista sabe que el camino de la peonía se abre, se multiplica y se pierde de manera impredecible. Deja caer la sal de la *medicina del fuego,* siguiendo las líneas del dibujo mental. *La inmortalidad comienza en el ojo.* Un único punto cardinal, el papel en blanco. Como la mente, el papel es altamente inflamable. El dibujo inicia en el fuego que se extingue tras deslumbrarnos en el segundo mismo de su estallido. Pero el mensaje continúa en la quemadura que silenciosa permanece.

16

For Bill Porter

Cai Guoqiang begins to think the flower. Five cardinal points, the mind a blank. The artist knows that the peony's road opens, and multiplies, and is lost in unforeseen ways. He drops the salt of the *medicine of fire*, following the lines of the mental drawing. *Immortality begins in the eye.* One cardinal point, the blank sheet of paper. Like the mind, it's highly flammable. The drawing begins with a fire extinguished after dazzling us in the moment of its bursting forth. But the message remains in the silent scorch mark that's been left behind.

17

El mediodía
la peonía transforma
en medianoche

17

The peony
turns noon
to midnight

18

El margen ardiente del pétalo. Ahí el peligro, Evidencia de una aurora inmóvil sobre la arena. Prueba del final de un mundo y el comienzo de otro. En el envés, el emblema de la sal en su último viaje. El que roce este filo se partirá en dos y perderá para siempre una de las mitades.

18

The burning edge of the petal. It's there the danger lies. Evidence of a dawn immobile on the sand. Proof of the end of a world and the birth of another. On the reverse, the emblem of salt on its final voyage. Whatever may graze this cutting edge will be cut in two and lose one of its halves forever.

19

Cruzar la isla para llegar a la peonía. Todo viaje a la peonía es secreto, toda mirada a esa flor será enigma y riesgo. Se trata pues de un trayecto silencioso en el oscuro interior del mediodía. Al acercarse a ese destino se desprenden de ti las vidas anteriores, pieles tatuadas por las aristas de otras aguas, por la sombra de otros vientos. Llegarás así ante la peonía, desnudo de recuerdo, todo lenguaje olvidado, página no escrita en la que única luminiscencia proviene de la memoria de un árbol. Viajero sin memoria, nunca tendrás la certeza de saber si alguna vez retornaste de ese viaje.

19

Crossing the island to get to the peony. Every voyage to the peony is secret, every glance at it will be both puzzle and risk. So it's a matter of a silent journey within the dark interior of noon. Approaching this destiny you rid yourself of past lives, skins tattooed by styluses of other waters, by the shadows of other winds. You will arrive thus before the peony, stripped of memory, language gone, a page unwritten on which the only light proceeds from the memory of a tree. A traveler without memory, you will never be sure if you returned from this voyage once before.

20

Alquimia de los ojos abiertos. La peonía vista antes de nacer. Su luz queda suspendida en la mirada hasta que en la superficie encuentra su forma única, su identidad entre los diez mil seres. A partir de ahí comienza a fluir, a diluirse el otro color de la historia –los cobres elevados, el muy breve cobalto de las desapariciones. Alquimia de los ojos cerrados. La flor que nunca deja de abrirse, que no termina de desvanecerse. Fosforescencia que late en el corazón de todas las sombras, afilado rocío que cubre a la isla en su desintegración a través de la noche.

20

Alchemy of open eyes. The peony seen before birth. Its light suspended in the gaze until it finds its unique shape on the surface, its identity among ten thousand beings. Then the other color of history begins to flow, to blur—a hovering copper, the briefest cobalt of disappearances. Alchemy of closed eyes. The flower that never stops unfolding, never stops fading. Phosphorescence that beats within the hearts of all shadows, sharp dew that covers the island in its night-long disintegration.

21

Al escribir la peonía recordada, al volver a marcar el trazo de su dédalo, no llegaré al final. No es que no haya manera de alcanzar al fondo en una materia que es transformación perpetua –la memoria, lo compruebo, es una gota de agua que metamorfosea y evapora sus paisajes a cada minuto. Más bien, creo en dejar abierta la puerta de la casa, en olvidarme de cerrar las ventanas para que el mar de la noche entre y se convierta con nosotros en día, para que el país del día termine convirtiéndose con nosotros en noche. No hay conclusión. No hay final. La peonía deja abierto en nuestro ojo su dibujo inacabado, perfecto en su imperfección.

21

Writing the remembered peony, coming back to mark the path of its labyrinth, I will never arrive at the end. It's not that the bottom of a subject which is perpetual transformation is unreachable—memory, I know, is a drop of water that each moment transforms and evaporates its landscapes. Rather, I believe in leaving the door ajar, neglecting to close the windows so that the sea of night may enter and change with us into day, that the land of day may end by changing with us into night. There's no conclusion. No end. The peony leaves unfolded on our eye its incomplete outline, perfect in its imperfection.

22

De una gota, rehacer el mar. De una piedra, volver a alzar la montaña. La hoja guarda en sí al bosque entero como el grano de arena posee la memoria de todas y cada una de las dunas. Con la última mancha de luz que se desvanece en la pared se puede escribir de nuevo la historia del tiempo.

A partir de este pétalo, reconstruyo para mí un imperio.

22

Remake the ocean from a drop of water. Raise mountains from a stone. The leaf contains the forest, as a grain of sand retains the memory of every dune. The history of time can be remade from the fading stain of light on the wall.

From this petal I rebuild myself an empire.

2

El cuervo seca sus alas empapadas de sangre
en el fuego de la peonía roja

Vasko Popa

2

The red peony's flame
dries the raven's blood-drenched wings

Vasko Popa

Rojo envuelto en luz roja. Frente a mí, sólo la mitad de la peonía. Oculta en la obsidiana impenetrable de este regreso nocturno, la otra mitad. Así, entreabierta, la flor partida me invitó a desprender la llama de su llama. Y no lo hice, herido mortalmente por la forma de hastío que ya me había separado de esa aparición. Me pregunto, sin embargo, ¿qué fuego ardería en la parte invisible de la flor? ¿qué letra de destino estaría inscrita en aquella zona que me estaba vedada? ¿qué parte de mí se estaría consumiendo en aquel aroma, en aquella humedad inalcanzable? Como estar a las puertas de una ciudad que es impenetrable en la belleza de su penumbra, pero que, al mismo tiempo, ya no te interesa cruzar sus umbrales, porque sabes que no hay nada ahí.

Sólo consigno aquí el rojo y el negro: los colores del sueño último.

1

Red enveloped in a reddish light. Facing me, only half the peony. The other half hidden in the impenetrable obsidian of this nocturnal return. Thus, half-open, the divided flower invited me to detach the flame from its flame. And I didn't do it, mortally wounded by the kind of weariness that had separated me from that apparition. I asked myself, of course, what fire would burn in the invisible part of the flower. What letter of fate would have been inscribed in that zone forbidden me. What part of me would have been boiled away in that aroma, in that unreachable dampness? Like being at the gates of a city impenetrable in the beauty of its semidarkness, but that now you would have no interest in entering, because you know that there's nothing there.

Here I merely note the red and black: colors of the final dream.

Pétalo rojo
al caer incendias
la mente vacía

2

Red petal
in falling you consume
the empty mind

3

Abierta sobre mi cuerpo, la peonía. Como un ciempiés que clava sus dulces agujas en el enemigo, así se hunden los aromas en la piel. Con los ojos entreabiertos, alcanzo a ver cómo cristaliza la amnesia, cómo se forma en mí su cuarzo ingrávido. Al cumplirse el tiempo, la peonía se separa de mi cuerpo con un vuelo mínimo: levitación de libélula sobre espejo, de colibrí que tornasola su brasa sobre camino de nieve. Sombra de la ascensión: unión. Cerré los ojos para inundarme de oscuridad, para guardar bajo esa ola negra el fuego presenciado. La peonía suspendida consume el ojo que se atreve a tocarla.

3

The peony, unfolded on my body. Odors submerged in the skin, like a centipede, sticking its sweet needles into its enemy. With eyes half-open I come to see how amnesia crystallizes, how its weightless quartz is formed in me. In the fullness of time, a brief flight separates the peony from my body: the rise of a dragonfly above a mirror, of a hummingbird whose bright coal iridesces above a snowy path. The shadow of the ascension: union. I closed my eyes to flood myself with darkness, to keep the attendant fire beneath that black wave. The suspended peony consumes the eye that dares touch it.

4

En su pequeña batalla, la mariposa ha sido derrotada. A punto de llegar a la peonía, el viento la cierra para el liviano bronce de aquellas alas. *La infinita lejanía de aquello que está más próximo a nosotros.* Recorrida por la misma fuerza, la flor se estremece. La mariposa intentará una vez más lo imposible. Y otra vez. Y otra. Lo sabes tú y lo sé yo. La criatura y la flor bajo el invisible imperio del viento. En esta película de un segundo, el maestro Hokusai revela para nosotros el exacto mecanismo del destino.

4

The butterfly has lost its tiny battle. As it's about to approach the peony the wind overwhelms those frail bronze wings. *The infinite distance of that which is closest to us.* Blown by the same force, the flower trembles. The butterfly will attempt the impossible once more. And again. And yet again. You know it and I know it. The creature and the flower subject to the empire of the wind. In this one-second film Hokusai reveals to us the exact mechanism of fate.

5

La peonía negra brilla afilada en el margen terminal del instante. Quema su huída en la superficie que logra alcanzar –el cielo de la boca, el blanco del ojo, el violáceo parietal. Encontrarás su dibujo rayoneado en la celda final del manicomio abandonado, en la sola imagen que se repite en la televisión ciega. Arde su diagrama en los espejos ahumados de la casa del leproso, en la radiografía del infierno que escondes en tus entrañas, en el jardín tatuado en los dedos del muerto.

La peonía negra refulge con la mudez total que se extiende en la tierra tras la caída del rayo.

5

The black peony shines brightly on the final sharp edge of the moment. Its escape scorches the surface it reaches—the sky of the mouth, the white of the eye, the parietal violet. You will find its outline scratched on the wall of the furthest cell of the empty madhouse, on the only image rerun on the blind television. Its diagram burns on the smoky mirrors of the leprosarium, on the x-ray of the inferno that hides in your entrails, on the garden tattooed on the corpse's fingers.

The black peony shines brightly with the total silence that covers the earth in the aftermath of lightning.

6

Entre mis dedos
las tinieblas de la flor:
perdido aroma

6

The flower's darkness
between my fingers:
a lost fragrance

Dos peonías. Una, prisionera en su capullo, ojo de jade, espera. La otra, aparición, peonía fantasma, anémona situada en las aguas de un amanecer pasado.

Bada Shanren pintó esto en marzo de 1699, un regalo a un amigo en el día del festival de las flores. Acompañó la visión con un poema sobre la flor que vendría y la flor que reinó en la luz antigua. En la conjunción de esos dos tiempos surge la peonía que vibra en este instante.

Bada Shanren estampó la seda con la tinta carmesí de su sello *Che Dian*: "Demencia Controlada".

7

Two peonies. One, enclosed in its cocoon, a jade eye, waits. The other, an apparition, a ghost peony. An anemone set in the water of a previous morning.

Bada Shanren painted this in March of 1699, a present for a friend on the day of the festival of flowers. He accompanied that image with a poem about the flower to come and the flower that reigned in the light of former days. At the juncture of those two times the peony that trembles at this moment appears.

Bada Shanren sealed the silk in red with the words *Che Dian*: "Controlled Madness."

8

En alguna medianoche de 1765, el maestro Ito Jakuchu descubrió la inestable temperatura que recorría el territorio de la flor que respira en la penumbra. No queda claro si el hallazgo lo realizó en alguno de sus sueños o en las vigilias que sostuvo ese verano en Kioto. Lo que importa para nosotros es el minucioso registro que realizó de esa visión, la primera de las 27 que reunió bajo el título de *Imágenes del Reino Colorido de los Seres Vivientes*. Hay en el pétalo una violencia quieta, una inmóvil turbulencia que extiende su veneno fosforescente como una ola que moja el sistema nervioso del espectador. El tiempo cambia de nieve a llama y de llama a coágulo. Esto lo detectó Daiten Kenjo, poeta amigo de Ito, que le dio el nombre de *Hermosa Bruma y Viento Fragante* a la pintura. Luminosa bruma que revela las cosas, tornasolado viento que hace hervir lo que toca. El tiempo como peonía. Como la peonía que se derrite dentro de nuestro ojo.

8

At the stroke of a midnight in 1765, Master Ito Jakuchu discovered the unstable temperature traversing the territory of the flower that breathed in the semidarkness. It's not clear if the discovery occurred in one of his dreams or in one of that summer's vigils. What's important for us is the detailed record he made of that vision, the first of the twenty-seven he gathered under the title *Images of the Colorful Kingdom of Living Beings.* There is a violent stillness in the petal, an immobile turbulence spreading its phosphorescent venom like a wave washing over the onlooker's nervous system. Time changes from snow to flame and flame to clotted blood. Daiten Kenjo, poet-friend of Ito's, noticed this, and named the painting *Beautiful Mist and Fragrant Wind.* A luminous, revealing mist, an iridescent wind that causes what it touches to boil. Time, like the peony. Like the peony that melts within our eye.

9

Primero, se derramó el incendio blanco en la capital. Vinieron luego las insurrecciones que culminaron en la revolución nocturna. Después, como es natural, se dieron las traiciones, las delaciones y las ejecuciones en pos de la pureza. Finalmente, se dio el hundimiento de la ciudad bajo el vaso negro de la ola.

Queda la peonía viva en el jarrón de vidrio rojo.

9

To Caroline Coon

First, white flame rained down on the capital. Then came uprisings, ending in the Nocturnal Revolution. Then, as would be expected, in the name of purity, betrayals, denunciations and executions. At last the city sank beneath the black glass of the wave.

The peony persists in its red glass vase.

10

Botan Doro es una historia de amor y de fantasmas. En japonés su nombre significa *La Lámpara de la Peonía*. La historia cuenta los amores de un joven con el fantasma de una mujer que había sido su amante. La mujer aparece siempre acompañada de su doncella, quien desplaza las sombras que las rodean con una lámpara, iluminada con la imagen de una peonía rosa. La pareja hace el amor en cada encuentro, bajo los filos de luz de esa lámpara. Sin embargo, la mujer, que ante los ojos de su amante es la más bella, en realidad no es sino un cadáver descompuesto. Al final, un amanecer de invierno, el joven es encontrado muerto en su lecho.

La historia se incorporó al repertorio Kabuki en 1892. En 1919, en una representación en el Teatro Imperial, durante la parte culminante de la obra, los espectadores vieron como la lámpara brilló un momento en el vacío y fue consumida después por la llama que guardaba. Un testigo presencial lo reportó así: *la peonía de luz devorada por la peonía de fuego que a su vez es consumida por la peonía de sombra. Los que sabemos el significado de esto lo callamos.* Una semana después, el actor que interpretaba a la mujer, Kawarasaki Kunitaro IV, un *onnagata* de remarcable belleza, de raro talento y de memoria casi infinita, moría de una enfermedad inexplicable.

10

Botan Doro is a love story and a ghost story. Its name in Japanese means *The Peony's Lamp.* The story recounts the love of a young man for the ghost of a woman who had been his lover. She's always accompanied by her maid, who scatters the shadows that surround them with a lamp lit by the image of a pink peony. At each meeting the couple makes love beneath rays of light from that lamp. The woman, who to her lover's eyes seems beauty itself, is of course no more than a rotted corpse. One winter's dawn, the young man is found dead in his bed.

The story became part of the Kabuki repertoire in 1892. In 1919, at a performance in the Imperial Theater, in the last part of the play, the audience noticed that the lamp glowed in the emptiness for a moment and then was consumed by the flame it sheltered. An eyewitness reported as follows: *the peony of light devoured by the peony of flame which in turn is consumed by the peony of shadow. We who know what this portends are silent.* A week later the actor who played the role of the woman, Kawarasaki Kunuitaro IV, an *onnagata* of remarkable beauty, rare talent and almost infinite memory, died of a mysterious illness.

11

En el pétalo, abierto y poderoso, vio ya su caída. Y en la caída, vio la desintegración de sí mismo.

¿No tendría que ser esta, una de las imágenes tempranas del poeta Bai Juyi, la primera lección de la belleza? Y sin embargo, como con lo bello nunca podremos saber lo todo, el poeta recogió del suelo de la Puerta Vacía un puñado de esos pétalos. Los remitió a su amigo, el monje budista Wang, para saber si aquél podría encontrar otra respuesta al enigma infinito que se encierra en ese color.

No tenemos registro de esa respuesta.

11

In the petal, unfolded and strong, he could see its fall, and in its fall his own disintegration. Could this not be an early image from the pen of the poet Bai Juyi, his first lesson of beauty? Since, however, we will never know beauty entirely, the poet gathered from the soil of the Empty Gate a handful of those petals. He sent them to his friend, the Buddhist monk Wang, to learn whether another answer could be found to the endless enigma locked in that flower.

We have no record of the monk's reply.

12

El dibujo del mapa está hecho en el polo superior de un huevo con la punta de un cabello. Es un jardín secreto de Suzhou, conocido por algunos por la rareza de sus peonías. *El jardín del maestro de las redes,* de acuerdo a los minúsculos caracteres que se leen en la puerta de entrada. Al fondo del lado oeste, bordeando el lago, el caminante melancólico, aquel tocado por la sed de claridad y el ansia de olvido, descubrirá la *Cabaña de la Primavera Tardía.* El lugar, por su apartamiento y su posición oculta, es el mejor lugar para presenciar el momento en que se abren los pétalos. Su nombre viene de un verso de Su Dongpo: *solo la peonía florece aún en la primavera tardía.* Se dice que el solitario paseante encontrará ahí lo que busca, una vez que la última flor del año haya desaparecido en el aire.

Tomo con cuidado el objeto y lo observo a contraluz un momento. Trasluce con un color anaranjado, casi de sangre. Lo dejo después en la superficie del estanque. El huevo, con el diminuto jardín, se hunde muy lento en las aguas verdes.

12

The outline of the map is drawn on the apex of an egg with the tip of a hair. It's a secret garden of Suzhou, known to a few for the rarity of its peonies. *The garden of the master of nets*, according to the tiny letters on the gate. At the far edge of the eastern side, on the shore of the lake, the melancholy walker, touched by a thirst for clarity and a yearning for oblivion, will find the *Cabin of Belated Spring*. Because of its remote location, it's the best place to witness the moment when the petals unfold. Its name comes from a verse by Su Dongpo: *Only the peony flowers even in a late Spring*. It's said that the solitary wanderer will find there what he looks for, once the last flower of the year has dissolved into the air.

I take the object carefully in hand and observe it for a moment in silhouette. Translucent, orange, almost blood-colored. Afterwards, I leave it on the surface of the pond. The egg, and the tiny garden, sink slowly into the green water.

13

Marea alta
la flor en la memoria
oscuro incendio

13

High tide
the flower remembered
as a dark flame

14

La jaula cabe en el cuenco de la palma de tu mano. Se trata de una prisión imperial creada especialmente para un grillo de combate. Delicadamente tallada en la madera roja, una peonía extiende sus pétalos en un laberinto sin salida. Marcada con el año 1725, la jaula es uno de los objetos que pertenecían al príncipe Bao, antes de que ascendiera en 1732 al trono como el Emperador Qianlong. El príncipe resguardaba ahí a su insecto favorito, un grillo de cabeza púrpura que no perdió una sola de sus innumerables peleas.

Dicen que durante la noche más corta del año se puede escuchar cómo escapa su canto de los agujeros de la tapa. Aseguran que el grillo espera aún que se abra la puerta para enfrentar su último combate.

Y es que todo aquello que ha sido en algún momento prisionero de la flor, vive para siempre.

14

The cage fits in the hollow of your hand. It's an imperial prison made especially for a fighting cricket. Delicately carved out of red wood, a peony extends its petals, forming a labyrinth with no exit. Stamped with the year 1725, the cage belonged to Prince Bao, before his ascension to the throne in 1732 as Emperor Qianlong. The prince kept in it his favorite insect, a cricket with a purple head that never lost a single one of its innumerable matches.

They say that on the shortest night of the year its song can be heard escaping through the holes in the lid. They assure us that the cricket waits still for the gate to be opened to face its final battle.

And that all those who have ever been a prisoner of the flower may live forever.

15

Jardín cerrado:
la peonía te enciende
su luz secreta

15

A walled garden:
for you the peony burns
its secret light

16

A partir de la medianoche, la muerte juega un muy secreto ajedrez en la peonía. Su estrategia es distinta cada noche. A veces muy lenta, tan lenta que se confunde con la respiración de un mineral que bebe la humedad dispersa en el aire. Otras veces es fulminante: cae el pétalo antes que el relámpago abra la boca para proferir su grito. Este es un juego cerrado: la muerte no juega con nadie sino con ella misma. El campo de juego se abre y se cierra: la peonía es un arenal con una casa en llamas o un estanque con una ciudad sumergida o un campo de nieve que un grajo atraviesa.

16

After midnight, Death plays a secret game of chess within the peony. Each night brings forth a different strategy. Sometimes it's very slow, so slow it could be mistaken for the breath of a mineral drinking the vapor in the air. At other times it's explosively sudden: the petal falls before the lightning can open its mouth to scream. This is a closed game, and death plays only against itself. The field of play opens and closes: the peony is a stretch of sand with a house in flames or a pond with a sunken city or a field of snow crossed by a crow.

17

Aquí dejo la peonía encendida, ardiendo en su llama transparente. Abierta en las oscuridades de su aroma. Herida. Dejo libre la peonía en el agua desarmada de esta noche. La confío –como luz que tal vez nunca vuelva a ver– al tiempo ciego de este instante que se deshace mientras lo escribo.

Aquí la dejo, iluminándote.

17

Here I leave the flaming peony, burning in its transparent flame. Unfolded in the darknesses of its scent. Wounded. I leave the peony in the disarmed water of this night. I entrust it—like a light that may never be seen again—to the time of this blind moment that melts away as I write.

I leave it here, illuminating you.

18

La luciérnaga
se extingue en el pétalo:
no hay olvido

18

The firefly
is extinguished on the petal:
there's no forgetting

19

Tú la llamas peonía. Yo la llamo vacío.

Nueva York, otoño e invierno de 2010
Los Angeles, octubre de 2011.

19

You call it peony. I call it emptiness.

New York, Fall and Winter 2010
Los Angeles, October 2011

Gaspar Orozco was born in Chihuahua, Mexico in 1971. He was a member of the punk rock band *Revolución X* in the 1990s and co-director of the 2011 documentary film *Subterraneans: Mexican Norteña Music in New York*. His books of poetry include *Abrir fuego* (Mexico City: Tierra Adentro, 2000), *El Silencio de lo que cae* (Mexico City: Programa Editorial de la Coordinación de Humanidades, UNAM, 2000), *Notas del país de Z* (bilingual, translation by Mark Weiss) (Chihuahua: Universidad Autónoma de Chihuahua, 2009), *Astrodiario* (El Paso: Bagatela, 2010), *Autocinema* (Mexico City: Conaculta 2010), *Plegarias a la Reina Mosca* (Monterrey: Universidad Autónoma de Nuevo León, 2011), and, in collaboration with the artist Jairus, *Game of Mirrors*, an interactive e-book with English and Chinese translations. His work is featured in several poetry anthologies and has been published in literary publications in Mexico, the United States and the United Kingdom. He has translated poetry from English, French and classical Chinese into Spanish. He was associate director of the Jaime Lucero Mexican Studies Institute at the City University of New York. A career diplomat, he has served in New York and Los Angeles, and is currently Deputy Consul General in San Diego, California.

Mark Weiss has published nine books of poetry, most recently *As Landscape* (Chax Press, 2010), *Dark Season* (Least Weasel, 2011) and *As Luck Would Have It* (Shearsman Books, 2015). *Thirty-Two Short Poems for Bill Bronk, Plus One* appeared as an e-book in 2013 (http://www.argotistonline.co.uk). He edited, with Harry Polkinhorn, *Across the Line / Al otro lado: The Poetry of Baja California* (Junction, 2002). Among his translations are *Stet: Selected Poems of José Kozer* (Junction, 2006), *Cuaderno de San Antonio / The San Antonio Notebook*, by Javier Manríquez (Editorial Praxis, 2004), and the ebook *La isla en peso / The Whole Island,* by Virgilio Piñera (www.shearsman.com, 2010). His bilingual anthology *The Whole Island: Six Decades of Cuban Poetry* was published in 2009 by the University of California Press. He lives at the edge of Manhattan's only forest.

www.ingramcontent.com/pod-product-compliance
Lightning Source LLC
Chambersburg PA
CBHW022201080426
42734CB00006B/525